Cœur de Breizh

Breizh Athéna

© 2024 Breizh Athéna
Édition : BoD · Books on Demand,
31 avenue Saint-Rémy, 57600 Forbach, bod@bod.fr
Impression : Libri Plureos GmbH,
Friedensallee 273, 22763 Hamburg (Allemagne)
ISBN : 978-2-3224-7928-3
Dépôt légal : Avril 2025

Citations Breizhathéniennes

Là où commence le songe,
La douceur des mots
Apaise les maux
Qui nous rongent.

Un sourire, un regard,
En disent plus que mille mots.
Ils redonnent de l'espoir
Là où règne le chaos.

Réapprenons aux enfants à rêver
Là où les écrans ont remplacé le papier.
Contaminons de mots et de couleurs
Un monde devenu terne et sans saveurs.

Remettons de la poésie
Là où nous avons inventé la peur.
Recréons de l'amour
Où nous avons semé la douleur.

Puisque les mots sont guérisseurs
Dans ce monde terne et sans saveur,
Puissiez-vous trouver la paix
Avec poèmes, haïkus et pamphlets.

Poèmes et pamphlets perdus

Sans toit mais là

Je regardais ce vieillard assit

Comme on admire la mer.

Sur son banc reste écrit

« A nos héros de guerre. »

Mes rues sont vides de l'ancien.

Ce virus a fait fuir les corps

Nostalgiques de nos lendemains,

Contaminant la vie de nos remords.

Quand reverrais-je mon vieux vivant,

Triste et enivrant de sentiments

Dans la pauvreté de ses tourments ?

Quand pourrais-je me demander,

En observant ses yeux blasés,

Pourquoi cet homme est là, seul et effacé ?

Espoir

Pour que de l'espoir renaisse le rêve,

Des écrans nécessite une trêve.

Nos âmes apeurées devant un soleil qui se lève,

Prouvent que nous sommes loin d'être prêt pour le glaive.

Si mes mots vous touchent un tant soit peu,

Vous savez qu'ils sont plus puissant qu'un feu.

Ils provoquent nostalgie et désolation par temps pluvieux,

Mais aussi joie, amour et paix lorsque le ciel est bleu.

Nous sommes tous libres de nos choix

Et responsables des phrases que l'on envoie.

Nos actes, de poètes ou renégats,

Grâce au pouvoir des mots, seront poésies ou Walhalla.

Les immortelles bigoudènes de Tréguennec

Héol est passé colorier le monde de pierre de la vieille,

Tels quelques mots doux et suaves émanant de Corneille.

Nul n'oubliera pourtant qu'en ce lieu sableux et marin,

Ceux sont bien les Allemands, qui de sang et de sueur l'avaient peint.

Les six copines de notre bigoudène méfiante,

Sur leur concasseur à galets sont en mode dubitatives et « détente »,

Papotant de leur couleur, de leur patrimoine et de Wikipédia,

Sans oublier de ce covid qui fait que presque plus personne ne passe par là.

La baie d'Audierne retrouvera bientôt ses touristes, ses chevaux et ses oiseaux.

Penmac'h et sa pointe de la Torche se feront à nouveau surfer par les amateurs de rouleaux.

Le phare d'Eckmühl et le Sterenn pourront recommencer à accueillir en leurs lieux magiques,

Des familles venues de partout se détendre devant une belle assiette et une vue panoramique.

Ainsi le SARS n'aura pas usé la dentelle des coiffes de nos sept grandes bigoudènes,

Symbole de tout un pays breton fait de culture, de force, de couleurs, de volonté et dolmens.

Je suis fière d'écrire cette terre finistérienne et d'avoir sa mer en guise de sang dans mes veines.

Nostalgie

Sur une terre faite en argent,

J'observai l'enfant devant sa console Nintendo Switch one.

Il était vide et terne devant cet écran

Qui lui lobotomisait peu à peu ses neurones.

Il ne réfléchissait pas, ne souriait pas plus.

Je me surpris à soupirer, bien nostalgique

Des chutes de vélo qui nous apprenaient le cursus

De la vie et de ses aléas dynamiques.

Je me suis remémoré l'école,

L'apprentissage des mots

Qui sentaient bons l'encre et la colle,

Quand la nouvelle génération s'entête à en oublier ses parfums.

Pire ! A en massacrer leur latin !

Et dire que c'est eux qui tiennent le futur entre leur mains…

Triste constat

Encore un jour où la planète se meure

Pendant que l'humain boit son café

Devant les actualités anxiogènes de son cœur.

Encore un peuple plein de revendications

Après crise sur crise, pandémie

Et un « héros » crée la veille d'élections.

Désolée si je rêve de tout le contraire.

Désolée de rêver encore

Que demain je me lèverai sur terre

Découvrant que tout va bien dans le monde et qu'il fait beau dehors.

Pensée éphémère

La vie et mes aînés me l'ont enseigné,

Je me dois pour eux de toujours rêver.

Si elle se fait chienne et sans saveurs,

C'est à moi-même de la colorer en ouvrant mon cœur.

Elle se fera parfois dure et parfois noire.

Elle sera tantôt pure et pleine d'espoir.

Alors je continue de rêver encore et encore le soir.

Malgré cette vie technologique, cadencée et inhumaine,

Je ne la consomme pas dans la peur et la haine,

Même si, je vous l'avoue, je ne suis pas sereine.

Je savoure chaque rayon de soleil. Je contemple les étoiles.

Je m'émerveille devant les œuvres de Buren, m'imaginant prendre les voiles

En créant, tout doucement, ma propre toile.

Déception

Je préfère écrire de la poésie

Dans ce monde dépourvu de rêves.

Je pense aux licornes la nuit

Espérant que l'ère humaine s'achève.

L'homme détruit ce qu'il a de plus beau.

Il gagne sa valeur, tel un cheval au galop,

Pour un billet vert fictif et sans drapeau,

Tandis qu'il perd sa splendeur pour un monde nouveau.

Il vit technologie, il crée des vaccins.

Il crie « Aidons l'Europe ! » mais pas le clochard du coin.

Alors oui je suis différente d'eux.

Je préfère vivre en gagnant peu,

Tout en gardant ce que j'ai de meilleur,

Car votre humanité d'aujourd'hui me fait horreur.

Le pianiste

Il prend une profonde inspiration et dirige ses doigts au-dessus des touches noires.

Ses mains se placent délicatement faisant de l'ombre aux carrés précieux en ivoires.

Ses pieds se positionnent silencieusement près du pédalier prêt à accompagner.

Cet ensemble du corps humain et de l'instrument sur le point de s'enlacer.

L'homme commence à présent à effleurer tendrement le piano laqué,

N'attendant que lui pour enfin se compléter dans un son harmonieux et délicat.

Leurs mélodies charnelles, dans ce décor tamisé, peuvent se caresser

Et laisser place à la folie des orgasmes maîtrisés de leurs ébats.

Sous les lumières laissant apercevoir ce spectacle transparent et osé,

Comme les autres personnes de cette salle, je me laisse charmer,

M'attardant sur chaque courbe de ce duo complexe d'une extrême pureté.

Dans un dernier soupir soulagé, le pianiste termine son touché voluptueux,

Sur l'instrument encore chaud de ce rapport tactile et sensuellement exhibé,

A un public extasié devant cet échange libertin magnifiquement peu vertueux.

Mon monde à moi

Bienvenu dans mon monde fantaisiste, loufoque et altruiste.

Il n'est pas marche ou crève,

Travaille, consommes et fermes ta gueule gauchiste.

Il est sans parti et plein de rêves.

Il n'est pas non plus rempli d'actualités morbides,

Ni de télé-réalité fait de plastique.

Il se crée plutôt sur base de livres jugés « stupides »

Car je préfère consommer des écritures fantastiques.

Oui je préfère rire !

Oui j'aime l'humour noir !

Si je provoque un sourire

Il y a toujours de l'espoir.

Toute émotion est bonne à prendre.

Car, dans mon monde, les gens ont le cœur tendre.

Dépôt sauvage

Qu'en un souffle, nos âmes s'envolent,

Qu'en un soupir, nos cœurs s'arrêtent.

Non je ne suis pas frivole

Quand je dis que la fin nous guette.

Vivons heureux, même un court instant !

Je ne suis pas un monstre à contre-courant,

Tout comme ce ticket déposé à mes pieds par le vent,

Qu'un inconnu a dû jeter négligemment.

Ce que le monde tend à m'offrir ?

Une pluie de nénuphars

Ou ce que la terre regorge de pire ?

Alors vivons ! Vivons à en crever !

Car nous sommes tous éphémère,

Même cette monstrueuse humanité.

Le temps d'un soupir.

Je me pause

Apaisée

Sur une prose

Improvisée.

Un jour, tout s'est recomposé.

Mon cœur, arrêté.

Le temps d'une seconde,

Ma vie a basculé.

Syndrome du « cœur brisé »

L'ont-ils nommé.

Infarctus instantané.

Deux ans de combats.

Une opération risquée.

Je suis toujours là.

Clair-Obscur

Là où j'imaginais cette prose

La lune éclairait ma plume.

Elle se gorgeait d'une teinte rose

Et son reflet éblouissait la dune.

Je la voulais sombre comme la nuit

Cette humble et fumure poésie.

Mais les étoiles et leur mère

Ne me permirent pas de le faire.

Comment écrire des mots noirs

Avec un ciel nocturne plein d'espoir

Et de rêves illusoires ?

Je vous offre donc ce clair-obscur,

Bien néophyte et immature,

Dont la nuit m'insuffla un futur.

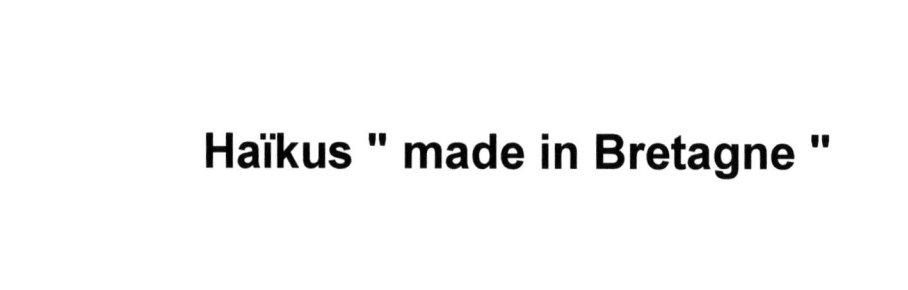

Haïkus " made in Bretagne "

Îles sanguinaires,
Avant que rapplique leur mer,
Précèdent la pointe.

Ciel corse insoumis,
Paysage magnifique,
Qu'en un souffle, vit.

Un brin de soleil,
Sang au Rosumarinu,
Le temps d'une brise.

Une pointe d'îles,
La belle mer, un ciel bleu,
Le temps d'un Rossi.

Senteur oubliée,
Parfum de Carnepula
Humé par la brise.

Un teint sanguinaire,
Toile éphémère du ciel,
Flattait Parata.

Douce ambiance nocturne,
Parsemée d'étoiles,
Précédant chaleur diurne.

Amie voie lactée,
Paillette des ténèbres,
Peint l'obscurité.

Couleur de mon âme,
Éclairée par la lune,
Souffrance de femme.

Belle lune rousse,
Reflétant sur les vagues,
Ambiance douce.

Vampirique brise,
Rouge sang lunaire,
Berce âme soumise.

Bretagne nuitée,
Entre forêts et marées,
Tendre opacité.

Noirceur de mes yeux,
Sublime sorgue éphémère,
Rêvant d'autres cieux.

Ombre céleste,
Soirée sombre et amoureuse,
Ténèbres modestes.

Lune soumise,
Espérant que le soleil,
Au matin la bise.

Magie nocturne,
Funambule obscurité,
Tombe sur la dune.